Am ddiwrnod!

Argraffiad cyntaf: 2018
Ail argraffiad: 2020
© Hawlfraint Margaret Johnson a'r Lolfa Cyf., 2018
© Hawlfraint y cyfieithiad Meinir Wyn Edwards a'r Lolfa Cyf., 2018

Cynllun y clawr: Sion Ilar
Llun y clawr: iStockphoto

Rhif Llyfr Rhyngwladol: 978 1 78461 556 7

Dymuna'r cyhoeddwyr gydnabod cymorth ariannol
Cyngor Llyfrau Cymru

Cyhoeddwyd ac argraffwyd yng Nghymru
ar bapur o goedwigoedd cynaliadwy gan
Y Lolfa Cyf., Talybont, Ceredigion SY24 5HE
e-bost ylolfa@ylolfa.com
gwefan www.ylolfa.com
ffôn 01970 832 304
ffacs 01970 832 782

Margaret Johnson

Addasiad o Big Hair Day gan

Meinir Wyn Edwards

y Lolfa

Y bobl yn *Am ddiwrnod!*

 Mae **Sophia Reynolds** yn **ecstra** mewn ffilm.

 Mae **Fabio Facelli** yn **seren** ffilm enwog.

 Mae **George Cooper** yn blismon.

Y **llefydd** yn y stori

Caerdydd
Maes y Castell
Abertawe
Stryd y Banc

Am ddiwrnod! – *What a day!*	**ecstra** – *an extra (in a film)*
seren – *star*	**llefydd** – *places*

Cynnwys

Pennod 1: Dechrau drwg

Dw i yng Nghaerdydd! Hwyl fawr, Abertawe a hwyl fawr, Caffi Jac, am wythnos! Dw i'n hapus iawn, iawn. Dw i eisiau **chwerthin** a dw i eisiau **gweiddi** a dawnsio.

Dw i mewn ffilm gyda Fabio Facelli! Ie, fi, Sophia Reynolds, a Fabio Facelli! Dw i'n *caru* ffilmiau Fabio.

A nawr dw i mewn ffilm gyda fe!

---

chwerthin – *to laugh*   **gweiddi** – *to shout*

OK, mae llawer o bobl yn y ffilm. Ac ecstra dw i. Dw i ddim yn siarad yn y ffilm, ond dw i yn y ffilm. Gyda Fabio Facelli!

Mae'n wyth o'r gloch. Dw i **angen** bod ym Maes y Castell am ddeg o'r gloch. Mae gen i ddwy awr. **Yn gyntaf**, dw i angen **mynd â**'r bag i'r gwesty.

angen – *need*	**Mehefin** – *June*
yn gyntaf – *firstly*	**mynd â** – *to take*

Dw i'n dechrau cerdded, ond mae dynes yn stopio fi ar y stryd.

'**Esgusodwch fi**, ble mae Stryd y Banc?' mae hi'n gofyn.

Dw i'n **gwenu**. 'Dw i ddim yn byw yng Nghaerdydd, sori. Ond mae gen i fap.'

'O, diolch,' **meddai** hi.

Mae'r map yn fawr. Mae hi'n wyntog iawn. Mae gwallt dros **fy wyneb** a dw i ddim yn gallu gweld.

Dw i'n **trio** gweld Stryd y Banc ar y map. Ond mae'r gwynt yn mynd â'r map.

'O!' Dw i'n dechrau chwerthin.

Mae'r ddynes yn trio helpu ond mae'r map yn mynd gyda'r gwynt!

esgusodwch fi – *excuse me*	**gwenu** – *to smile*
meddai – *he/she says/said*	**fy wyneb** – *my face*
trio – *to try*	

'O na! Help!' dw i'n gweiddi a dw i'n rhedeg i lawr y stryd ar ôl y map.

Dw i'n gweld y map yn mynd o dan y bws. O na! Dw i'n **aros** i'r bws stopio. Yna dw i'n **codi**'r map. Dw i'n cerdded yn ôl i fyny'r stryd ond mae'r ddynes wedi mynd. Dw i'n edrych i fyny ac i lawr y stryd.

'Od,' dw i'n meddwl, a dw i'n rhoi'r map yn y bag.

Ond mae problem.

---

aros − *to wait*   **codi** − *to pick up*

'Dim **fy mag i** ydy **hwn**!' dw i'n dweud. 'O na, mae fy mag i gan y ddynes!'

---

fy mag i – *my bag*   **hwn** – *this one*

Dw i'n **edrych** i fyny ac i lawr y stryd eto, ond mae hi wedi mynd. Dw i ddim yn gwybod beth i wneud.

Mae **pethau** yn **mynd o chwith**. Y map a wedyn y bag. Ond yna, dw i'n gweld **gorsaf yr heddlu**.

Dw i'n codi'r bag a dw i'n dechrau rhedeg. Dw i'n rhedeg i orsaf yr heddlu a dw i'n mynd i mewn.

edrych – *to look*	**pethau** – *things*
mynd o chwith – *to go wrong*	**gorsaf yr heddlu** – *police station*

'Fy mag i!' dw i'n gweiddi ar y plismon. 'Mae fy mag i gan y ddynes. Help, plis!'

Pennod 2: Llygaid neis

Dydy'r plismon ddim yn edrych i fyny. Mae e'n **ysgrifennu** ac mae e'n dweud, '**Eisteddwch**, plis, Miss.'

Dw i ddim eisiau eistedd. Dw i eisiau i'r plismon redeg i'r stryd gyda fi. Dw i eisiau help.

'Na, ti ddim yn deall!' dw i'n dweud wrth y plismon. 'Mae fy mag i wedi mynd!'

Mae'r plismon yn edrych i fyny wedyn. Mae gan y plismon lygaid neis, **tywyll**. Ddim fel llygaid Fabio, wrth gwrs. Ond maen nhw'n llygaid neis. Beth?! Pam dw i'n meddwl am lygaid y plismon? Mae fy mag i wedi mynd!

llygaid – *eyes*	**ysgrifennu** – *to write*
eisteddwch – *sit (formal)*	**tywyll** – *dark*

'Mae llawer o bobl yn aros, Miss,' meddai'r plismon. 'Eisteddwch, plis.'

Dw i'n edrych ar y bobl. Mae tri neu bedwar yn aros. Maen nhw eisiau siarad gyda'r plismon hefyd.

'Ond dw i angen bod yn y gwaith am ddeg o'r gloch!'

Mae'r plismon yn edrych i fyny eto. 'Plis, Miss?' meddai.

'OK, iawn, dw i'n eistedd!'

Dw i'n eistedd. Dw i'n aros. Ac yn aros. Ar ôl hanner awr mae'r plismon yn galw, 'Chi nawr, Miss!'

'Eisteddwch, plis,' meddai. Dw i'n eistedd eto. 'Enw?'

'Sophia Reynolds.'

Mae e'n ysgrifennu'r enw. 'Sut dw i'n gallu helpu?'

Dw i'n dweud am y ddynes ac am y bagiau.

'Mae fy mag *i* gyda *hi*. Ond mae ei bag *hi* gyda *fi*!'

Dw i'n rhoi bag y ddynes i'r plismon.

Mae'r plismon yn agor y bag.

'Does dim enw yn y bag,' meddai. 'Felly, 'dyn ni ddim yn gwybod sut i ffeindio'r ddynes, sori.'

'Ond beth dw i'n mynd i wneud?' dw i'n gofyn.

'Gadael y bag yma, Miss,' meddai'r plismon.

'Nawr, beth sydd yn eich bag?' meddai'r plismon.

Dw i'n dweud ac mae e'n ysgrifennu **popeth**.

'Iawn, Miss Reynolds,' meddai. '**Dewch** yn ôl pnawn yma, plis. Neu ffoniwch.'

Mae e'n ysgrifennu y rhif ffôn ar y papur ac mae e'n dweud, 'Ysgrifennwch eich rhif ffôn chi hefyd.'

Dw i'n ysgrifennu'r rhif ac yna dw i'n codi.

'Diolch. Hwyl!'

'Hwyl fawr, Miss Reynolds,' meddai'r plismon.

Yna mae e'n gweiddi, '**Nesa**, os gwelwch yn dda!'

Mae dyn yn mynd at y plismon.

'Eisteddwch, plis,' meddai'r plismon.

'Hm, eisteddwch, eisteddwch,' dw i'n meddwl. 'Enw da i ti ydy "Mr Eisteddwch"!'

---

popeth – *everything*	**dewch** – *come (formal)*
nesa – *next*	

Pennod 3: Mr Eisteddwch!

Allan yn y stryd dw i'n edrych am Faes y Castell ar y map. Da iawn – ddim yn bell. Dw i'n gallu bod yna am ddeg o'r gloch. Dw i'n dechrau cerdded. Yna, dw i'n clywed sŵn a dw i'n edrych i lawr. Mae bachgen bach **yno**, bachgen tair neu bedair oed, ac mae e'n **crio**.

'Helô!' dw i'n dweud. 'Ble mae Mami?'

Dydy'r bachgen ddim yn ateb. Dim ond crio.

Dw i'n **dal** ei law a dw i'n dweud, 'O, **paid** crio.'

yno – *there*	**crio** – *to cry*
dal – *to hold*	**paid** – *don't*

Dw i'n edrych i fyny ac i lawr y stryd ond dw i ddim yn gallu gweld mam y bachgen bach. Dw i'n gwenu ar y bachgen.

'**Dere**! Dere i weld Mr Eisteddwch, y plismon.'

Dw i a'r bachgen bach yn dechrau cerdded. Mae e'n crio ac yn crio. 'Dyn ni'n cerdded i mewn i orsaf yr heddlu ac mae pawb yn edrych. Mae'r bachgen bach yn crio'**n uchel**.

Mae'r plismon yn siarad gyda merch wrth y ddesg. 'Dyn ni'n cerdded i mewn ac mae'r plismon yn edrych.

'Mae'r bachgen bach wedi **colli** Mami.'

'Esgusodwch fi,' mae'r plismon yn dweud wrth y ferch wrth y ddesg. Mae e'n dod i siarad gyda'r bachgen bach. Mae e'n **garedig**.

'Beth ydy dy enw di?' mae e'n gofyn.

Dere! – *Come! (informal)*	**yn uchel** – *loudly*
colli – *to lose*	**caredig** – *kind*

Mae'r bachgen yn stopio crio ac mae e'n dweud, 'Peter.' Yna, mae Peter yn edrych ar y plismon ac mae e'n dweud, 'Ti ydy Mr Eisteddwch?'

'O na!' dw i'n meddwl.

Mae'r plismon yn edrych i fyny. Mae ei lygaid yn gwenu. Dw i eisiau **marw**!

'PC George Cooper dw i,' mae e'n dweud wrth y bachgen. 'George…' dw i'n meddwl. 'George ydy ei enw e.'

Yna mae dynes yn rhedeg i mewn i orsaf yr heddlu.

---

marw – *to die*

Mae hi'n gweiddi, 'Peter!' ac mae hi'n rhedeg at y bachgen bach.

Mae Peter yn dechrau crio eto, 'Mami, Mami!'

Mae George yn codi ac yn gwenu. Dw i'n gwenu ar George. Mae pawb yn hapus.

'Diolch am helpu, Miss Reynolds,' meddai George.

'Esgusodwch fi,' meddai'r ferch wrth y ddesg, 'ond mae gwaith gen i mewn deg munud.'

Gwaith! Y ffilm! O na, dw i'n hwyr!

'Hwyl, George! Tan y pnawn yma!'

A dw i'n rhedeg allan o orsaf yr heddlu.

Pennod 4: Dau ddyn blin

Dw i'n aros i **groesi**'r stryd. Mae llawer o draffig. Dw i'n dechrau meddwl am Fabio Facelli.

Ydy Fabio ym Maes y Castell nawr?

Mae car coch yn dod **yn gyflym** iawn. Mae'r car llwyd **o flaen** y car coch yn stopio yn sydyn ac mae'r car coch yn **bwrw mewn i**'r car llwyd. O, na! **Damwain**!

Dw i'n rhedeg at y car llwyd. Mae'r ffenest ar agor.

'Dych chi'n iawn?' dw i'n gofyn i'r **gyrrwr**.

'O na, car newydd ydy hwn!' meddai'r dyn.

Mae e'n dod allan ac mae e'n edrych ar ei gar. Yna mae e'n cerdded at y car coch. Mae e'n dechrau gweiddi yn flin ar y dyn yn y car coch. 'Hei! Edrych ar y car newydd yma!'

Mae gyrrwr y car coch yn dod allan. Mae e'n flin hefyd.

'Hei! Edrych ar y car *yma*!' mae e'n gweiddi.

croesi – *to cross*	**yn gyflym** – *quickly*
o flaen – *in front of*	**bwrw mewn i** – *to crash into*
damwain – *accident*	**gyrrwr** – *driver*

Dw i'n edrych ar y ddau ddyn. O na! Dw i angen mynd i orsaf yr heddlu eto? Dw i ddim yn gallu mynd yno eto! Mae'r ddau ddyn blin yn gweiddi. Mae pobl yn stopio i edrych ar y ddamwain. Pam 'dyn *nhw* ddim yn mynd i orsaf yr heddlu am help?

Felly, dw i'n mynd – eto!

'Wel, wel! Miss Reynolds eto!' mae George yn dweud.

'Dewch gyda fi, plis!' dwi'n dweud. 'Mae damwain wedi **digwydd**!'

Mae George yn codi yn gyflym ac mae e'n dod gyda fi.

---

digwydd – *to happen*

Mae llawer o sŵn yn y stryd. Mae'r ddau ddyn yn **ymladd**!
Dw i ddim yn hoffi ymladd. Mae'r ddau ddyn yn fawr ac yn flin
iawn. Mae George yn rhedeg at y dynion i stopio'r ymladd.

Dw i ddim yn gwybod pam ond dw i'n meddwl am Fabio
Facelli yn y ffilm *Bad Men Die*.

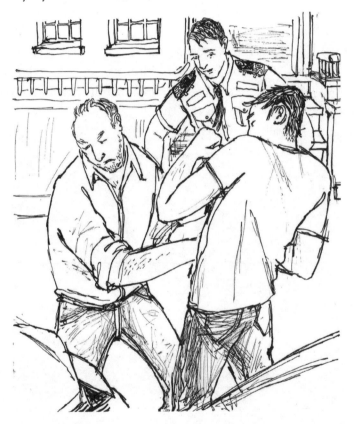

Fabio Facelli! Y ffilm! O na! Dw i angen mynd i Faes y Castell
nawr!

Dw i'n gadael George a'r ddau ddyn blin a dw i'n rhedeg i
fyny'r stryd yn gyflym iawn!

---

ymladd – *to fight*

Pennod 5: Fabio!

Dw i'n cyrraedd Maes y Castell am 9.59. Dw i ddim yn hwyr ond dw i ddim yn edrych yn dda! Mae fy ngwallt i **dros y lle** – mae'n **flêr** ofnadwy.

O na! Dw i'n cael diwrnod drwg!

Ond… erbyn 10.30… dw i ddim yn edrych fel Sophia Reynolds. Mae *Beautiful Young Things* yn ffilm am y 1960au ac mae gan yr ecstras wallt o'r 1960au.

Mae gen i wallt mawr iawn!

---

dros y lle – *all over the place*　　**blêr** – *untidy*

Mae Fabio Facelli yn actio rhan **canwr** enwog, Ricky Burns, yn y ffilm. Mae'r ecstras yn mynd i edrych ar Ricky yn canu. Waw! Dw i ddim yn gallu **credu** – dw i'n mynd i weld Fabio Facelli mewn munud!

'OK,' meddai'r **cyfarwyddwr ffilm**. 'Dych chi eisiau gweld Ricky Burns. Dych chi'n *caru* Ricky Burns, OK! Mae Ricky Burns yn dod mewn munud. Dw i eisiau i bawb weiddi enw Ricky. Nawr!'

Mae pawb yn dechrau gweiddi, 'Ricky! Ricky!'

---

canwr – *singer*   **credu** – *to believe*

cyfarwyddwr ffilm – *film director*

Mae dyn yn dod. Mae e'n ddyn tal gyda gwallt du a llygaid neis.

'O, Fabio!' dw i'n gweiddi. 'Fabio!'

'OK, stop!' meddai'r cyfarwyddwr. Mae e'n flin.

'Ricky ydy e, dim Fabio. Ricky, plis!'

'O na!' dw i'n meddwl.

'Sori, Fabio,' meddai'r cyfarwyddwr wrth y dyn tal gyda gwallt du.

Mae llygaid Fabio yn oer.

'Dyna od,' dw i'n meddwl. 'Dydy ei lygaid e ddim yn oer yn y ffilmiau.'

Mae e'n mynd allan. Mae e'n flin.

'OK!' meddai'r cyfarwyddwr a 'dyn ni'n dechrau gweiddi eto.

Y tro yma dw i'n gweiddi, 'Ricky, Ricky!'

'Dyn ni'n gweiddi a gweiddi. Ar ôl tri deg munud dw i ddim yn gallu gweiddi **mwy**.

'OK,' meddai'r cyfarwyddwr eto wrth yr ecstras. 'Stopiwch am ddeg munud i gael diod.'

Dw i'n cael diod ac yna dw i'n mynd i edrych ar fy ffôn. Dw i eisiau ffonio George am y bag.

O, dw i wedi cael **tecst**! Gan George. Mae fy mag i gyda George!

Mae'r bag yma.
PC Cooper

---

mwy – *more/anymore*   **tecst** – *text*

27

'OK, bawb!' mae'r cyfarwyddwr yn gweiddi.

Dw i'n rhoi'r ffôn yn ôl yn y bag a dw i'n rhedeg allan, gyda'r ddiod. Crash! Dw i'n bwrw mewn i ddyn tal.

O, na! Fabio Facelli!

'**Gofalus**!' mae Fabio yn gweiddi. 'Edrych ar y trowsus yma!'

Mae dŵr dros drowsus Fabio Facelli!

'Sori, Fabio,' dw i'n dechrau dweud.

Ond dydy Fabio ddim yn gwrando. Mae e'n flin eto.

Dw i'n edrych ar Fabio Facelli yn mynd.

'Mae gen ti lygaid neis,' dw i'n meddwl, 'ond dwyt ti ddim yn ddyn neis.'

Yna dw i'n meddwl am lygaid dyn arall. Llygaid neis, tywyll. Llygaid PC George Cooper.

---

gofalus – *careful*

Pennod 6:
Ffilm George Cooper

Mae'r ffilmio yn stopio am bump o'r gloch. Am ddiwrnod! Dw i wedi blino.

Dw i'n cerdded i orsaf yr heddlu i gael y bag. Ond **ar bwys** yr orsaf mae dyn yn gweiddi.

'Miss Reynolds?'

Dw i'n gweld dyn ar **foto-beic** mawr. George!

Dw i'n gwenu a dw i'n dweud wrtho, 'Diolch am y tecst.'

Mae George yn gwenu. Mae e'n edrych yn dda iawn mewn dillad du ar y moto-beic.

'Dw i jyst yn gwneud fy job, Miss Reynolds.'

---

ar bwys – *next to*   **moto-beic** – *motorbike*

Mae George yn edrych ar y gwallt mawr, y gwallt o'r 1960au.
O, na! Ydy e'n chwerthin? Neu ydy e'n hoffi fi?

'Sophia dw i.'

'Wel, diolch am helpu heddiw, Sophia,' meddai George. Mae
e'n edrych ar y gwallt eto.

'Sophia, mae dy wallt di yn… yn… fawr iawn heno!'

Dw i'n chwerthin. 'Ydy. Mae'r gwallt yn fawr ac yn flêr iawn.
Dw i'n ecstra mewn ffilm ym Maes y Castell.'

'Wyt ti eisiau bod yn enwog?' mae George yn gofyn.

Dw i'n meddwl am Fabio Facelli a'r llygaid oer. Ond mae
George yn gwenu a dw i ddim yn drist.

'Na. Dw i ddim eisiau bod yn enwog.'

Mae George yn gofyn, 'Wyt ti eisiau'r bag?'

'Ydw,' dw i'n dweud, ond dw i ddim eisiau mynd. Dw i ddim
eisiau gadael George.

Ydy e'n gwybod sut dw i'n teimlo?

'Wyt ti eisiau cael diod gyda fi?' meddai George. 'Ar ôl cael y bag?'

Dw i'n gwenu'n hapus.

'Ydw, o, ydw, plis!'

'Bendigedig!' meddai George.

Mae George a fi'n cael diod. 'Dyn ni'n siarad a 'dyn ni'n chwerthin. A... 'dyn ni'n **cusanu**!

Mae e fel bod mewn ffilm, gyda merch a bachgen **mewn cariad**. Ond dim ffilm Fabio Facelli, ond ffilm George Cooper.

Mae ffilmiau George Cooper yn dda *iawn*!

cusanu – *to kiss*   **mewn cariad** – *in love*

GEIRFA

angen – *(to) need*
Am ddiwrnod! – *What a day!*
ar bwys – *next to*
aros – *to wait*
blêr – *untidy*
bwrw mewn i – *to crash into*
canwr – *singer*
caredig – *kind*
codi – *to pick up*
colli – *to lose*
credu – *to believe*
crio – *to cry*
croesi – *to cross*
cusanu – *to kiss*
cyfarwyddwr ffilm – *film director*
chwerthin – *to laugh*
dal – *to hold*
damwain – *accident*
Dere! – *Come! (informal)*
Dewch! – *Come! (formal)*
digwydd – *to happen*
dros y lle – *all over the place*
ecstra – *an extra (in a film)*
edrych – *to look*
eisteddwch – *sit (formal)*
esgusodwch fi – *excuse me*
fy mag i – *my bag*
fy wyneb – *my face*

gofalus – *careful*
gorsaf yr heddlu – *police station*
gweiddi – *to shout*
gwenu – *to smile*
gyrrwr – *driver*
hwn – *this one*
llefydd – *places*
llygaid – *eyes*
marw – *to die*
meddai – *he/she said/says*
Mehefin – *June*
mewn cariad – *in love*
moto-beic – *motorbike*
mwy – *more/anymore*
mynd â – *to take*
mynd o chwith – *to go wrong*
nesa – *next*
o flaen – *in front of*
paid – *don't*
pethau – *things*
popeth – *everything*
seren – *star*
tecst – *text*
trio – *to try*
tywyll – *dark*
ymladd – *to fight*
yn gyflym – *quickly*
yn gyntaf – *firstly*
yno – *there*
yn uchel – *loudly*
ysgrifennu – *to write*